全国技工院校新能源汽车检测与维修专业（中/高级技能层级）

混合动力汽车发动机检测与维修习题册

主　编　周潭生

副主编　罗　浩　梁永浩

中国劳动社会保障出版社

简介

本习题册是全国技工院校新能源汽车检测与维修专业教材（中/高级技能层级）《混合动力汽车发动机检测与维修》的配套用书。习题册内容紧扣教材的教学要求，注重基础知识的巩固和基本能力的培养，知识点分布均衡，题型丰富，难易适当，有助于学生复习巩固所学知识。

本习题册由周潭生担任主编，罗浩、梁永浩担任副主编，梅亚利、沈玮、温裕标参与编写。

图书在版编目（CIP）数据

混合动力汽车发动机检测与维修习题册 / 周潭生主编. -- 北京：中国劳动社会保障出版社，2021

全国技工院校新能源汽车检测与维修专业. 中/高级技能层级

ISBN 978-7-5167-4939-5

Ⅰ. ①混… Ⅱ. ①周… Ⅲ. ①混合动力汽车 – 发动机 – 检修 – 技工学校 – 习题集 Ⅳ. ①U469.7-44

中国版本图书馆 CIP 数据核字（2021）第 128195 号

中国劳动社会保障出版社出版发行

（北京市惠新东街 1 号　邮政编码：100029）

*

北京昌联印刷有限公司印刷装订　　新华书店经销

787 毫米 ×1092 毫米　16 开本　4.25 印张　70 千字

2021 年 7 月第 1 版　　2025 年 11 月第 6 次印刷

定价：9.00 元

营销中心电话：400-606-6496

出版社网址：http://www.class.com.cn

http://jg.class.com.cn

目　录

模块一 混合动力汽车发展概况

课题一　混合动力汽车发展背景及趋势

一、填空题

1. 随着科技的进步和经济的发展，汽车产业蓬勃发展，汽车保有量急剧增长，带来了石油能源______________和环境______的问题。

2. 新能源汽车目前主要包括纯电动汽车、燃料电池汽车和__________________。

3. 新能源汽车的发展趋势是零排放的____________和超低排放的______________。

4. 混合动力汽车是指拥有至少____________，使用其中一种或多种动力源提供部分或者全部动力的汽车。

5. 混合动力车辆的________、__________等特点引起了汽车界的极大关注，并成为汽车研究与开发的一个重点。

6. 与纯电动汽车相比，混合动力汽车上配置有__________。

7. 与传统汽车相比，混合动力汽车上又增加了____________和__________。

二、判断题

1. 从广义上来讲，混合动力汽车指的是装备有两种具有不同特点驱动装置的车辆。（　　）

2. 串联式混合动力由发动机、发电机和电动机三部分动力总成组成。（　　）

3. 串联式混合动力结构适用于城市内频繁起步和低速运行工况。（ ）

4. 并联式混合动力汽车只能由电动机驱动。（ ）

5. 合资品牌的混合动力汽车大多数采用混联式混合动力驱动。（ ）

三、选择题

1. 根据驱动连接方式进行分类，一般把混合动力汽车分为三类：串联式混合动力汽车、并联式混合动力汽车和（ ）。

A. 中度混合动力汽车　　B. 混联式混合动力汽车

C. 轻度混合动力汽车　　D. 重度混合动力汽车

2. 串联式混合动力汽车在市区低速行驶时，如果动力电池完全充满电，则选用（ ）驱动方式。

A. 纯电池　　B. 纯发动机

C. 电池和发动机共同　　D. 12 V 蓄电池

3. 混合动力汽车在制动或减速时，电动机将多余的能量转化为电能存储到（ ）中。

A. 动力电池　　B. 发动机

C. 变压器　　D. 变速器

4. 并联式混合动力汽车在高速行驶时，（ ）向驱动轮输出动力。

A. 电动机开启，电动机和发动机共同

B. 电动机开启，发动机单向

C. 电动机关闭，发动机单向

D. 电动机关闭，电动机和发动机共同

5. 混联式混合动力汽车在需要强劲加速力（如爬陡坡及超车）时，由（ ）驱动汽车。

A. 电动机　　B. 发动机

C. 变压器　　D. 电动机和发动机共同

四、简答题

1. 简述串联式混合动力汽车、并联式混合动力汽车和混联式混合动力汽车的工作原理。

2. 简述混合动力汽车按照混合程度进行分类的情况及各类的特点。

课题二　混合动力汽车发动机概述

一、填空题

1. 发动机的作用是把输入气缸内燃烧产生的________转化为机械能并输出机械动力。

2. 气缸总容积是____________________和____________________之和。

3. 混合动力发动机每完成一个工作循环，曲轴旋转______周，进、排气门各开启____次。

4. 混合动力发动机的一个工作循环包括____________、______________、_________

______和______________。

5. 汽油发动机由__________机构、__________机构和燃料供给系统、___________、______________、______________、__________组成。

6. 曲柄连杆机构是发动机实现工作循环、完成能量转换的主要运动零件，它由__________、______________和______________组成。

二、判断题

1. 混合动力汽车发动机按使用燃料不同分类可分为汽油发动机和柴油发动机。（　　）

2. 在一个循环工作过程中，活塞往复四个行程并对外做功一次的发动机称为四行程发动机。（　　）

3. 活塞行程是曲柄半径的两倍。（　　）

4. 上止点是活塞离曲轴回转中心最近处，是活塞最低位置。（　　）

5. 混合动力汽车柴油发动机的优点是动力性好，经济性好，排放污染较轻。（　　）

6. 混合动力汽车汽油发动机的缺点是质量大，噪声大，维修复杂。（　　）

7. 发动机在某一时刻的运行状况简称为工况。（　　）

8. 发动机所有气缸的总容积之和称为发动机排量。（　　）

三、选择题

1. 混合动力汽车汽油发动机是点燃式，其优点描述错误的是（　　）。

A. 易启动　　B. 噪声小

C. 排气污染轻　　D. 质量小

2. 一般车用汽油发动机的压缩比为（　　）。

A. 6 ~ 10　　B. 10 ~ 13

C. 13 ~ 16　　D. 16 ~ 22

3. 下列对水冷式发动机工作特点的描述错误的是（　　）。

A. 冷却均匀　　B. 工作可靠

C. 散热效果差　　D. 广泛应用于各类车辆

4. 在进气行程中，发动机的进气门处于（　　）状态，排气门处于（　　）状态。

A. 开启　开启　　B. 关闭　关闭

C. 开启　关闭　　D. 关闭　开启

5. 在混合动力汽车发动机做功过程中，可燃混合气燃烧后释放出大量的热能，此时燃烧的压力和温度迅速增加，其所能达到的最大压力为（　　），相应的温度则为 1 900 ~ 2 500 ℃。

A. 3 ~ 5 MPa　　B. 3 ~ 5 kPa

C. 600 ~ 1 000 kPa　　D. 6 ~ 10 kPa

6. 混合动力汽车的汽油发动机相比于柴油发动机，其特有的系统是（　　）。

A. 燃料供给系统　　B. 点火系统

C. 润滑系统　　D. 冷却系统

7.（　　）的作用是向相对运动的零部件表面输送定量清洁的机油，以实现液体摩擦，减小摩擦阻力。

A. 燃油供给系统　　B. 点火系统

C. 润滑系统　　D. 冷却系统

8.（　　）的作用是根据发动机的工作顺序和工作过程，定时开启和关闭进、排气门。

A. 曲柄连杆机构　　B. 配气机构

C. 润滑系统　　D. 冷却系统

9. 气缸工作容积是指（　　）的容积。

A. 活塞运行到下止点时活塞上方

B. 活塞运行到上止点时活塞上方

C. 活塞从一个止点移动到另一个止点所扫过

D. 进气门从开到关所进空气

四、名词解释

1. 上止点

2. 下止点

3. 压缩比

4. 工作循环

五、简答题

1. 简述混合动力汽车发动机的工作过程。

2. 简述混合动力汽车发动机的主要参数。

3. 简述混合动力汽车发动机润滑系统的作用。

4. 简述混合动力汽车发动机配气机构的作用。

模块二
混合动力汽车发动机的检修

课题一　曲柄连杆机构的检修

一、填空题

1. 曲柄连杆机构是发动机的主要运动机构，其作用是将活塞的________运动转化为曲轴的________运动，同时将作用于活塞上的力矩转变为曲轴对外输出的转矩，以驱动车轮转动。

2. 曲柄连杆机构的工作条件相当恶劣，它要承受________、________、________和化学腐蚀作用。

3. 发动机机体组主要由________________、____________、____________、__________、____________和油底壳等组成。

4. 气缸盖衬垫的作用是保证气缸盖与气缸体接触面的密封，防止__________、__________和__________。

5. 气缸套有________________和________________两种。

6. 油底壳的主要作用是________________并封闭__________。

7. 机体组气缸体与气缸盖的主要损伤形式有__________、__________和________等。

8. 测量气缸盖平面度误差时，用厚薄规测量____________和____________之间的间隙。

9. 活塞连杆组主要由__________、__________、____________、__________和____

__________等组成。

10. 活塞可视为由__________、__________和__________共三部分组成。

11. 活塞环按其作用可分为__________和__________两类。

12. 气环的作用是保证____________________________________。

13. 油环用来____。

14. 安装活塞环时注意使各环开口相互错开，如有三道活塞环，各环应沿圆周成________夹角互相错开。

15. 当活塞环损坏或失效时，将出现发动机______________、______________、______________、______________和排气冒蓝烟等不良状况。

16. 活塞的损伤形式主要是磨损，包括__________、__________以及__________。

17. 曲轴飞轮组主要由__________、__________及其他零件和附件组成。

18. 直列发动机曲轴的曲拐数等于__________；V 形发动机曲轴的曲拐数等于______________。

19. 曲轴的支撑方式一般有两种，一种为______________，另一种为______________。

20. 曲轴的损伤形式主要包括______________、______________、______________、______________及带轮键槽磨损。

二、判断题

1. 曲柄连杆机构的作用是将活塞的往复运动转化为曲轴的旋转运动。（　　）

2. 如果气缸盖衬垫是对称的，有金属包边的面或印有批次号的一面要向下。（　　）

3. 发动机气缸盖不是燃烧室的组成部分。（　　）

4. 气缸盖和气缸体采用螺栓连接，一旦螺栓孔损坏，不需要更换整个气缸体。（　　）

5. 混合动力汽车发动机的曲轴箱主要采用平分式结构，机体高度小，质量轻，结构紧凑，刚度和强度小。（　　）

6. 油底壳放油螺栓上装有永久磁铁的作用是吸附机油中的金属屑，减小发动机的磨损。（　　）

7. 活塞顶部与气缸盖、气缸壁组成燃烧室。（　　）

8. 活塞顶部标有一定的记号，如箭头、三角、缺口等，装配时记号应朝向发动机

后方。 (　　)

9. 汽油发动机的活塞一般有 2 ~ 3 道环槽，上面两道用于安装油环，下面一道用于安装气环。 (　　)

10. 活塞销的作用是连接活塞与连杆小头，将活塞承受的气体作用力传给连杆。 (　　)

11. 机体组的基础检查包括：检查气门导管孔、气门座圈是否松动；检查气缸盖各个接合面是否有腐蚀、裂纹、伤痕等其他形式的损坏。 (　　)

12. 连杆将活塞承受的力传给曲轴，推动曲轴转动，从而将活塞的往复运动变为曲轴的旋转运动。 (　　)

13. 连杆杆身采用工字形断面主要是为了减轻质量，减小惯性力。 (　　)

14. 安装活塞环时各环开口要朝着活塞受侧压的方向。 (　　)

15. 活塞销座孔的磨损导致活塞销与座孔配合松旷，出现活塞销异响故障。 (　　)

16. 侧隙是活塞环置于气缸内，在环的开口处呈现的间隙。 (　　)

17. 检查气缸的磨损程度可以用量缸表在任意位置测量气缸直径。 (　　)

18. 气缸体上平面变形影响与气缸盖结合的密封性。 (　　)

19. 气缸盖的主要损伤形式有裂纹、磨损和变形等。 (　　)

20. 飞轮的作用是将做功行程的部分能量储存起来，以便在其他行程带动曲柄连杆机构工作。 (　　)

21. 全支撑曲轴的主轴颈数比连杆轴颈数少一个。 (　　)

三、选择题

1. 气缸盖平面度误差测量不需要用到的测量工具是（　　）。

A. 游标卡尺　　B. 刀口尺

C. 厚薄规　　D. 以上都不对

2. 用专用工具（套筒）和扭力扳手释放气缸盖螺栓扭力，次数应为（　　）次，直至螺栓扭力完全被释放。

A. 4 ~ 5　　B. 5 ~ 6　　C. 2 ~ 3　　D. 9 ~ 10

3. 活塞环中的气环主要用于（　　）。

A. 密封　　B. 冷却　　C. 润滑　　D. 排气

4. 活塞环损坏或失效会出现的故障现象是（　　）。

A. 发动机启动困难　　B. 功率不足

C. 机油消耗增大、排气冒蓝烟　　D. 以上都对

5. 活塞环在安装时应留有间隙，间隙包括（　　）。

A. 端隙　　B. 侧隙

C. 背隙　　D. 以上都对

6. 活塞环的端隙范围是（　　）mm。

A. 0 ~ 0.15　　B. 0 ~ 0.25

C. 0.25 ~ 0.50　　D. 0 ~ 0.45

7. 用厚薄规和量角器测量活塞环漏光度，开口处左右对应圆心角（　　）范围内不允许漏光。

A. 30°　　B. 60°　　C. 90°　　D. 120°

8. 安装活塞销时，要使用专业工具将活塞销加热到（　　）℃进行。

A. 50　　B. 60　　C. 70　　D. 80

9. 测量气缸的磨损程度时，测量部位要在活塞工作区域内，按照上、中、下三个平面测量尺寸。上平面的测量位置一般取在距气缸套上端以下（　　）mm 处；下平面的测量位置一般取在距气缸套下端以上（　　）mm 处；中间平面的测量位置一般取上平面与下平面测量位置的中间平面。

A. 10　10　　B. 15　10　　C. 15　15　　D. 15　20

10. 曲轴常见的损伤形式主要包括（　　）。

A. 轴颈磨损　　B. 曲轴弯曲和扭曲

C. 轴颈表面产生裂纹　　D. 以上都对

四、简答题

1. 简述机体组元件裂纹的检查方法。

2. 简述气缸磨损程度的检查方法。

3. 简述连杆的作用。

4. 什么是活塞环的“三隙”？如何检测活塞环的“三隙”？

5. 根据图 2–1–1 所示，写出活塞连杆组部件的名称。

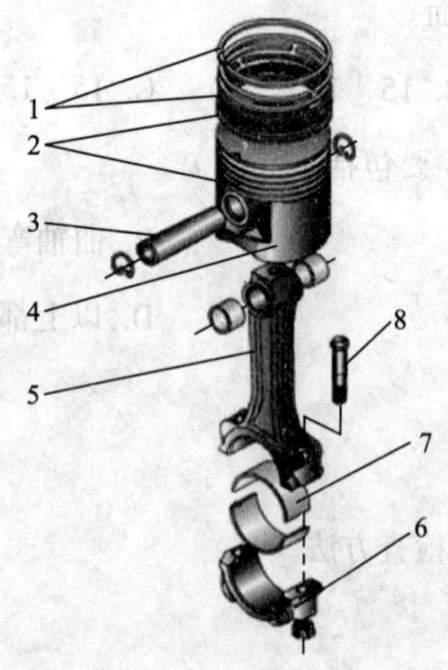

图 2–1–1　活塞连杆组的组成

1—________　2—________　3—________　4—________

5—________　6—________　7—________　8—________

6. 简述曲轴常见的损伤形式及损伤的检修方法。

课题二　配气机构的检修

一、填空题

1. 配气机构主要由________和__________两部分组成。

2. 进入气缸内的新鲜可燃混合气（也称进气量）对发动机性能的影响很大。进气量越大，发动机的____________和________越大。

3. 按气门组的布置位置不同，配气机构可分为________和________两种。

4. 由于四行程发动机每完成一个工作循环，曲轴旋转_____圈，而各缸只进、排气一次，即凸轮轴只需转____圈，所以曲轴与凸轮轴的传动比为______。

5. 按凸轮轴的位置不同，配气机构分为____________、______________和____________。

6. 气门组包括气门、________、__________、气门弹簧、气门锁片和________等。

7. 气门组的作用是____。

8. 气门分为__________和__________两种。

9. 气门由________和____________两部分组成。

10. 气门导管的主要作用是为气门____________，以保证气门上下运动时不发生____________而准确落座，同时起________作用。

11. 气门传动组主要由__________、凸轮、挺柱、__________和__________等组成。

12. 配气相位就是用______________表示的进、排气门的______________和开启的______________。

13. 配气相位的检查方法有检查______________和检查气门______________两种方法。

14. 挺柱可分为______________和______________两大类。

15. 气门密封锥面与气门顶部平面之间的夹角，称为______________。

16. 按凸轮轴传动方式的不同，配气机构可分为______________、链条传动式和______________。

17. 常用的气门弹簧座固定方式有______________和__________两种。

18. 气门传动组的作用是使进、排气门按照______________开闭，并且保证有______________。

二、判断题

1. 采用液压挺柱的发动机不需要预留气门间隙。（ ）

2. 由于现代汽车发动机的转速都很高，为了保证气缸进气充分、排气彻底，气门实际开启和关闭时刻并不是正好在活塞的上、下止点处，而是适当地提前和延迟。（ ）

3. 进气门早开、迟关不能增加气缸的充气量。（ ）

4. 排气门早开、迟关可以使气缸内的废气排除得更为干净。（ ）

5. 进气门的开启时间由曲轴控制。（ ）

6. 最大气门直径可以超过气缸直径的一半。（ ）

7. 凸轮轴上置式配气机构适用于高速发动机。（ ）

8. 采用凸轮轴中置式配气机构是为了减小气门传动组零件往复运动的惯性力。（ ）

9. 气门不直接与气缸内的高温燃烧气体接触，因此气门温度不高。（ ）

10. 排气门的气门锥角可采用 30° 或 45°。（ ）

11. 为保证具有良好的换气质量，有些发动机采用每缸多气门结构。（ ）

12. 单顶置凸轮轴能提高发动机转速，从而在输出扭矩相同的情况下提高发动机的输出功率。（ ）

13. 如果进入气门导管与气门之间间隙的机油过多，会在气缸内造成积炭和在气门上产生沉积物，使机油消耗增加。 （ ）

14. 配气相位值符合要求就能保证发动机动力性要求。 （ ）

15. 预留气门间隙将使发动机工作时配气机构产生撞击和噪声。 （ ）

16. 凸轮轴上同一缸的进、排气凸轮称为同名凸轮。 （ ）

三、选择题

1. 下列属于链条传动式凸轮轴的特点的是（ ）。

A. 使用寿命短　　B. 工作噪声大

C. 不需要润滑　　D. 维修简单

2. 下列不属于对气门材料的要求的是（ ）。

A. 高强度　　B. 耐高温

C. 耐磨损　　D. 小刚度

3. 下列不属于排气门早开和迟关的目的的是（ ）。

A. 减小排气行程活塞上行的阻力　　B. 缩短废气在气缸内的停留时间

C. 增加进气时间　　D. 防止发动机过热

4. 下列不属于气门弹簧应符合的条件的是（ ）。

A. 有足够的预紧力

B. 保证气门不会发生跳动

C. 高速度、长时间运转下具有良好的耐久性

D. 有良好的导热性

5. 进、排气道口与气门密封锥面直接贴合的部位称为（ ）。

A. 气门导管　　B. 气门弹簧

C. 气门间隙　　D. 气门座

四、简答题

1. 为保证实现气门对气缸的可靠密封，气门组应符合哪些要求？

2. 简述气门间隙的含义。

3. 简述气门间隙过大、过小的危害。

4. 简述配气机构的作用。

5. 简述配气机构的工作原理。

课题三　冷却系统的检修

一、填空题

1. 发动机的冷却系统有________与________之分。

2. 水冷系统主要由________、水泵、________、______________和温度调节装置等组成。

3. 冷却液循环路线分为________、________和______________共三种循环路线。

4. 散热器的作用是使________中出来的__________得到迅速冷却，以保持__________的正常水温。

5. 散热器的主要组成包括____________、____________、____________和散热器盖等。

6. 上储水室顶部有________，平时用__________盖住，并装有进水软管，与发动机上________相连。

7. 散热器芯的结构形式主要有__________、__________和__________三种。

8. 水泵的作用是________________，强制冷却液在冷却系统中__________。

9. 风扇的作用是当风扇旋转时吸进________使其通过散热器，以增强散热器的__________，加大________的冷却速度。

10. 电动冷却风扇系统一般由电动冷却风扇温度感应器、__________、电动机________和______________组成。

11. 节温器是控制__________________的阀门。

12. 混合动力汽车动力总成冷却系统的主要冷却方式有______________、风冷和__________。

13. 混合动力汽车动力总成冷却系统由________、______________、膨胀水箱、冷却液泵、冷却液软管以及__________________等部件组成。

14. 冷却系统的常见维护作业主要是发动机冷却液的__________和________。

二、判断题

1. 轿车发动机全都采用水冷系统。 ( )

2. 汽车发动机的水冷系统均为强制循环水冷系统，即利用水泵提高冷却液的压力，强制冷却液在发动机中循环流动。 ( )

3. 小循环时冷却液在发动机内部循环。 ( )

4. 为了使驾驶员及时掌握冷却系统的工作状况，在仪表板上通常设有水温表或水温警告灯等装置。 ( )

5. 放水阀一般安装在上储水室中。 ( )

6. 当前发动机上广泛采用的是离心式水泵。 ( )

7. 冷却风扇置于散热器前面。 ( )

8. 膨胀水箱的上部用一个较细的软管与水箱的加水管相连，底部通过水管与水泵的进水侧相连接，通常位置略低于散热器。 ( )

9. 发动机冷却系统不需要根据使用条件的变化而调节冷却强度。 ( )

10. 目前汽车中主要使用的节温器为蜡式节温器。 ( )

11. 电动机冷却系统设计的情况不会直接影响电动机的安全运行和使用寿命。 ( )

12. 水冷发动机是指利用在气缸体和气缸盖冷却水套中进行循环的冷却液作为冷却介质进行冷却的发动机。 ( )

13. 当冷却液液面接近于冷却液储液罐最高刻度时，需及时补充冷却液。 ( )

三、选择题

1. 下列不属于管带式散热器芯的优点的是（　　）。

A. 散热能力较高　　B. 结构刚度大

C. 成本低　　D. 制造工艺简单

2. 下列不属于离心式水泵的优点的是（　　）。

A. 功率大　　B. 尺寸小

C. 出水量大　　D. 结构简单

3. 下列不属于冷却液补偿水箱的功能的是（　　）。

A. 减小水泵的泵水量　　B. 减少冷却液的损失

C. 避免机件氧化腐蚀　　D. 使冷却系统中水、汽分离

4. 下列属于自然冷却的缺点的是（　　）。

A. 效果差　　B. 实用性高

C. 结构简单　　D. 成本低

四、简答题

1. 简述冷却系统的作用。

2. 简述冷却系统的工作原理。

3. 简述散热器盖的作用。

4. 简述离心式水泵的组成及工作原理。

5. 简述节温器的工作原理。

6. 简述混合动力汽车动力总成冷却系统的工作原理。

7. 简述发动机三种循环路线冷却液流经的路径。

课题四　润滑系统的检修

一、填空题

1. 润滑系统的作用主要有________、________、________、________、防锈、缓冲和液压几个方面。

2. 润滑系统的润滑是指将清洁、压力和温度适宜的机油不断地供到各运动部件的摩擦表面，以起到减少零件________的润滑作用，使运动部件实现液体摩擦。

3. 一般发动机润滑系统的组成大体相同，主要由________、________、________、各种阀（限压阀和旁通阀等）组成，有的还设有传感器、机油压力表、机油温度表和机油散热器等。

4. 机油泵将机油从油底壳中抽出________后，送到各零件表面进行润滑，维持机油在润滑系统中的循环，以保证发动机良好的润滑。

5. 机油滤清器用来过滤机油中的________、________、油泥和水分等杂物，使送到各润滑部位的都是干净清洁的机油。

6. 发动机的润滑方式分为______________、______________和润滑脂润滑三种。

7. __________用来限制机油泵输出的机油压力；旁通阀在集滤器________时打开，使机油泵输出的机油可直接进入主油道。

8. 机油泵可分为__________、__________和__________三种类型。

9. 压力循环润滑是利用机油泵，将具有一定________的机油源源不断地送往摩擦表面。

10. 飞溅润滑是利用发动机工作时运动零件________起来的油滴或油雾来润滑摩擦表面的。

二、判断题

1. 机油集滤器滤网堵塞、机油黏度小或机油不足会导致发动机机油压力过低。（　　）

2. 润滑脂润滑是对一些不太重要、分散的部位，采用定期加入润滑脂的方式进行润滑。（　　）

3. 当机油泵限压阀的压力低于机油泵压力时，限压阀开始工作，以保证润滑系统压力稳定。（　　）

4. 机油与发动机内部重要的运动部件直接接触，可有效地带走产生的热量，并传递给油底壳中的冷却器、曲轴箱，最后传到大气中。（　　）

5. 转子式机油泵内、外转子安装在机油泵泵体内，内、外转子的中心有一定的偏心距，外转子比内转子少一个齿，内转子可在机油泵泵体内自由转动。（　　）

三、选择题

1. 压力循环润滑主要用于承受载荷及相对运动速度较大，需要以一定压力将机油输送到摩擦表面的间隙中，方能形成油膜以保证润滑。下列不属于压力润滑部件的是（　　）。

A. 曲轴主轴承　　B. 连杆轴承

C. 凸轮轴轴承　　D. 活塞与气缸壁

2. 下列不属于机油压力过高的原因的是（　　）。

A. 机油黏度过大　　B. 机油加注过多

C. 轴承间隙过小　　D. 机油油路泄漏

3. 润滑系统中限压阀的作用是（　　）。

A. 提升机油压力　　B. 限制机油压力

C. 防止机油泄漏　　D. 喷出机油

4. 混合动力汽车行驶一段里程后需要更换机油，更换机油的里程数以厂家规定为准，首次更换机油的里程数为 1 000 ~ 3 000 km，后续更换机油的里程数为（　　）km。

A. 4 000 ~ 5 000　　B. 5 000 ~ 10 000

C. 20 000 ~ 30 000　　D. 30 000 ~ 40 000

5. 汽车行驶过程中排气管冒（　　）烟，是机油消耗量过多导致的。

A. 黑　　B. 白

C. 蓝　　D. 红

四、简答题

1. 简述发动机润滑系统的工作原理。

2. 简述发动机润滑系统的主要故障现象及产生原因。

3. 简述机油的油量及质量检查步骤。

4. 简述机油的更换步骤。

课题五　燃料供给系统的检修

一、填空题

1. 燃料供给系统根据发动机不同工况的需要，配制一定压力和数量、清洁、合适浓度的________，供入发动机气缸，并在气缸内燃烧做功后，将废气排至大气中。

2. 燃料供给系统由______________、空气供给装置、电子控制单元和废气排出装置四部分组成。

3. 燃料供给系统由________、________、________、燃油分配管、燃油压力调节器、喷油器及供油管组成。

4. 当燃油箱内蒸气过多、压力升高时，________被顶开，汽油蒸气泄入大气，从而保持燃油箱内的正常压力。

5. 电动燃油泵的作用是从燃油箱中抽取________，将油压提高到规定值。

6. 燃油压力调节器的作用是要自动________整个燃料供给系统的燃油压力为一恒定值。

7. 燃油滤清器的作用是把燃油中的________去除。

8. 喷油器根据 ECU 发出的喷油脉冲信号，将计量准确的燃油________地喷入节气门附近的进气歧管或气缸内。

9. 活性炭罐的作用是吸附燃油箱中挥发的________。

二、判断题

1. 常见汽车上配备燃油箱的容量一般能保证汽车行驶 50 km。（ ）

2. 空气供给装置不属于燃料供给系统。（ ）

3. 转子式机油泵由内转子、外转子、泵体、泵盖及释放阀等组成。（ ）

4. 电动燃油泵在出油口处还装有单向止回阀，当发动机停止运转后，单向止回阀关闭，防止管路中的汽油倒流回电动燃油泵。（ ）

5. 当发动机工作时，发动机 ECU 根据发动机转速、水温、空气流量等信号，控制活性炭罐电磁阀的开闭。（ ）

三、选择题

1. 燃油滤清器的纸质滤芯无须清洗，一般行驶（ ）km 需更换，更换时应注意燃油滤清器箭头上所指的汽油流动方向。

A. 1 000　　B. 2 000

C. 3 000　　D. 15 000

2. 当燃料供给系统的压力差保持恒定时，喷油量取决于喷油器的（ ）。

A. 电压　　B. 电流

C. 开度　　D. 开启时间

3. 为降低排气污染，提高发动机的经济性，排气管内还装有（　　），用以检测排气中的氧含量，并及时对喷油量进行校正。

A. 爆震传感器　　B. 氧传感器

C. 温度传感器　　D. 流量传感器

4. 在温度较低时，汽油不易蒸发，混合气形成较为困难，造成怠速不稳，为加快暖机过程，还设有（　　）。

A. 怠速控制阀　　B. 涡轮增压器

C. 电动燃油泵　　D. 油压调节器

5. 在更换燃油滤清器前，应先卸除燃油分配管中的（　　）。

A. 连接管路　　B. 插接器

C. 燃油压力　　D. 电动燃油泵

四、简答题

1. 写出图 2–5–1 所示燃料供给系统各零部件的名称。

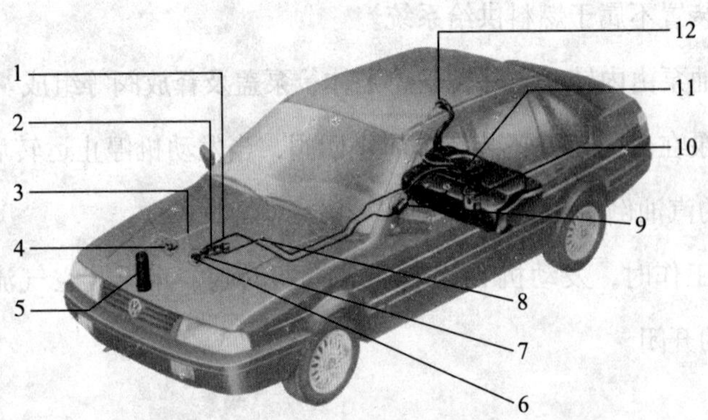

图 2–5–1　燃料供给系统

1—________　2—________

3—________　4—________

5—________　6—________

7—________　8—________

9—________　10—________

11—________　12—________

2. 简述汽油发动机燃料供给系统的工作原理。

3. 简述燃油滤清器的更换步骤。

4. 简述空气滤清器的维护步骤。

5. 简述活性炭罐吸附燃油箱中汽油蒸气的工作过程。

6. 简述喷油器的工作原理。

课题六　启动系统的检修

一、填空题

1. 混合动力汽车发动机的启动系统组成包括________、________________、________________、________________、________、MG1（电动机 / 发电机）、高压线束等。

2. HV 蓄电池又称____________、____________、____________，是混合动力汽车的重要能量存储动力源。

3. ____________是 HV 蓄电池的“大脑”，是汽车能量的控制中心，和发动机

ECU、变频器、MG1 和 MG2 联网工作。

4. MG1 温度传感器的主要作用是检测出 MG1 的温度，将该信号发送给 MG ECU，避免____________损坏电机。

5. MG1 温度传感器实际上是一个______________热敏电阻。

二、判断题

1. 低压蓄电池具有接收和储存由车载充电机、发电机、制动能量回收装置或外置充电装置提供的高压直流电的作用。 （ ）

2. 动力管理控制系统（HV CPU）始终监控着 HV 蓄电池的状态，用不同的工作模式使电力输入和输出 HV 蓄电池，并尽量保持 HV 蓄电池的均衡状态。 （ ）

3. MG1 拆装过程中需注意保护线束，以免产生线束断路故障。 （ ）

三、选择题

1. 变频器的组成部件包括增压转换器、（ ）和空调变频器。

A. AC/DC 转换器　　B. DC/DC 转换器

C. AC/AC 转换器　　D. DC/AC 转换器

2. MG1 是（ ），作用是启动发动机以及作为发电机为电池组充电，在汽车需要大功率输出时也可以输出动力，协助发动机和 MG2 电机（驱动电机）驱动车辆。

A. 电动机　　B. 发电机

C. 电动机又是发电机　　D. 发动机

3. MG1 速度传感器的主要作用是检测出 MG1 转子的位置、速度和旋转方向，将该信号发送给（ ）。

A. ECU　　B. MPU

C. BMS　　D. MG ECU

四、简答题

1. 简述启动系统的作用。

2. 简述启动系统的工作原理。

3. 简述启动系统的主要组成。

4. 简述动力电池在混合动力汽车上的作用。

5. 简述混合动力汽车上变频器的作用及组成。

模块三

混合动力汽车发动机电控系统的检修

课题一　点火系统的检修

一、填空题

1. 点火系统应能迅速及时地产生足以击穿__________的______；火花塞产生的电火花应具有足够的__________；能根据发动机各种工况提供________________并满足点火次序。

2. 微机控制点火系统主要由______、______、______、______、______、______、______、______、熔丝等部件组成。

3. 混合动力汽车发动机主要采用__________，按有无分电器可分为__________和__________。

4. 有分电器式微机控制点火系统一般由______、______、______等组成。

5. 无分电器式微机控制点火系统又称__________。

6. 传感器主要用来检测与点火有关的发动机工作状况信息，并将检测结果输入ECU，作为计算和控制__________和________的依据。

7. __________是燃油喷射控制系统的控制核心，也是点火控制系统的控制核心。

8. 点火执行器包括__________和__________。点火控制模块可将电子控制系统输出的点火信号进行____________，驱动点火线圈工作。

9. 点火执行器在微机控制点火电路中与点火控制器配合工作，有______________________和____________两种形式。

10. 火花塞主要由____________、____________、____________、________________、__________组成。

11. 点火提前角控制主要包括____________、____________和______________________。

12. 点火线圈初级电路的____________，____________，初级电路断开电流越大，____________，点火可靠性越好。

13. 火花塞的检查有____________和____________。

14. 断开喷油器连接器并拆出火花塞搭铁，将火花塞安装到点火线圈上，启动发动机就车检查火花塞的____________。

二、判断题

1. 点火提前角随着发动机转速升高而增大。（　　）

2. 发动机工作时在临近爆燃或有轻微爆燃的情况下，其热效率较高，动力性和经济性最好。（　　）

3. 点火控制模块可将电子控制系统输出的点火信号进行功率放大，驱动点火线圈工作。（　　）

4. 运用数字式万用表的欧姆挡可以测得点火线圈端子之间初级绕组的电阻，阻值一般为 500 Ω 左右。（　　）

5. 铱金火花塞的更换周期比铂金火花塞短。（　　）

6. 点火闭合角即点火线圈初级电路的导通时间。（　　）

7. 为了稳定发动机转速，点火提前角不需要根据喷油量的变化来修正。（　　）

8. 点火提前角是从火花塞发出电火花到该缸活塞运行至压缩下止点时曲轴转过的角度。（　　）

三、选择题

1. 点火线圈将电源提供的低压电转变为足以在电极间产生击穿点火的（　　）kV 高

压电。

A. 1 ~ 5　　B. 5 ~ 10

C. 15 ~ 20　　D. 20 ~ 25

2. 下列不属于点火提前角控制的是（　　）。

A. 初始点火提前角　　B. 基本点火提前角

C. 修正点火提前角　　D. 最终点火提前角

3.（　　）是燃油喷射控制系统的控制核心，也是点火控制系统的控制核心。

A. 火花塞　　B. 混合动力车辆 ECU

C. 爆震传感器　　D. 点火线圈

4. 用（　　）测量火花塞电极之间的间隙。

A. 厚薄规　　B. 游标卡尺

C. 千分尺　　D. 百分表

5. 混合动力车辆 ECU 根据发动机（　　）的信号确定初始点火提前角。

A. 氧传感器　　B. 曲轴位置传感器

C. 空气流量传感器　　D. 爆震传感器

四、简答题

1. 简述微机控制点火系统的工作原理。

2. 简述点火提前角的控制内容。

3. 简述点火线圈的检测过程。

课题二　电控燃油喷射系统的检修

一、填空题

1. 电控燃油喷射系统（EFI）一般由三部分组成，即______________、_____________________和______________。

2. 空气供给系统主要由空气滤清器、空气流量计（或进气压力传感器）、__________、__________________________、进气总管、__________、_______________和怠速控制阀等组成。

3. 按对进气量的计量方式不同，空气供给系统可分为______和______两种。

4. D 型空气供给系统是利用进气歧管绝对压力传感器检测进气管内的____________，电子控制单元 ECU 根据进气管内的绝对压力和发动机转速推算出发动机的__________，再根据进气量和发动机转速确定______________。

5. 燃料供给系统的作用是将____

____。

6. 电子控制系统的作用是根据发动机运转状况和车辆运行状况确定燃油最佳喷射量，该系统由__________、__________和__________三部分组成。

7. 电子控制单元根据__________或进气歧管绝对压力传感器、发动机转速传感器、进气温度传感器、冷却液温度传感器等提供的信号计算出__________。由于喷油器针阀的行程是一定的，故__________的大小取决于喷油器持续开启时间长短。

8. 从理论上说，1 kg 汽油完全燃烧时需要 14.7 kg 空气，即理论空燃比为__________，这种空燃比混合气称为理论混合气（标准混合气）。

9. 过量空气系数 ϕ_{at}=0.85 ~ 0.95 时，火焰传播速度__________，此时燃烧速度最快，可在短时间内使气缸压力和温度达到最大值，散热损失小，做功________。

10. 发动机在实际运行过程中，其工况在工作范围内是__________的，且在工况变化时，发动机对可燃混合气__________的要求也是不同的。

二、判断题

1. D 型空气供给系统利用空气流量计检测进气管内的绝对压力。（　　）

2. L 型空气供给系统利用空气流量计直接测量发动机的进气量，电子控制单元 ECU 不必进行推算，即可根据空气流量计信号计算与该空气量相应的基本喷油量。（　　）

3. 燃料供给系统一般由油箱、燃油泵、燃油滤清器、油压调节器、燃油分配管、喷油器等组成。（　　）

4. 发动机在小负荷工况下运行时，供给混合气也应加浓，加浓的程度随负荷的增加而增大。（　　）

5. 传感器是一种信号转换装置，安装在发动机的各相关部位。（　　）

6. 进气温度传感器内部是一个具有正温度系数的热敏电阻。（　　）

三、选择题

1. 发动机中传感器的作用是检测发动机运转过程中的各种物理、化学参数，并将其转换成电信号输入（　　）。

A. ECU　　B. 点火控制器

C. 分电器　　D. 压力阀

2. ECU的作用是采集和处理各种传感器的（　　），根据发动机工作的要求（喷油脉宽、点火提前角等），进行控制决策的运算，并输出相应的（　　）。

A. 数字信号　连续信号　　B. 输入信号　模拟信号

C. 固定信号　控制信号　　D. 输入信号　控制信号

3. 执行器的主要作用是接收来自ECU的（　　），完成ECU给定的（　　），实现设定的控制功能。

A. 输入信号　控制动作　　B. 控制信号　控制动作

C. 固定信号　驱动动作　　D. 模拟信号　控制动作

4. 当发动机内存在（　　）故障时，ECU能够进行故障自诊断，并且能与故障诊断通信接口进行数据通信。

A. 漏油　　B. 异响

C. 电路　　D. 机械

5. 若混合气的空燃比小于14.7，称为（　　）。

A. 标准混合气　　B. 浓混合气

C. 稀混合气　　D. 以上都不对

6. 过量空气系数ϕ_{at}为发动机工作过程中燃烧1 kg燃油实际供给的空气量L与理论空气量L_0（　　）。

A. 之比　　B. 之积

C. 之和　　D. 之差

7. 当过量空气系数ϕ_{at}为（　　）时，火焰传播速度仍很高，且此时空气相对充足，燃油能完全燃烧，所以热效率最高，有效油耗率最低。

A. 0.65 ~ 0.75　　B. 0.75 ~ 0.85

C. 0.85 ~ 0.95　　D. 1.05 ~ 1.15

8. 发动机的（　　）是指发动机已经完全预热，进入正常运转，且在一定时间内转速和负荷没有突然变化的情况。

A. 加速工况　　B. 减速工况

C. 暖机工况　　D. 稳定工况

9. 空气流量计的作用是测量进入发动机的（　　），并将测量的结果转换为电信号传输给ECU。

A. 空气温度　　B. 空气流量

C. 空气速度　　D. 空气湿度

10. 节气门位置传感器安装在节气门体上，其作用是将节气门打开的角度转换成（　　）信号输送到ECU，反映节气门开度（负荷）的大小，判定发动机怠速、部分负荷、全负荷工况，实现不同的控制模式；反映节气门变化快慢（加速或减速），实现加速加浓或减速减油或断油控制。

A. 电压　　B. 电流

C. 电阻　　D. 电容

四、简答题

1. 简述混合动力汽车发动机启动时的喷油控制。

2. 简述发动机在中等负荷工况对可燃混合气的要求。

3. 简述电控燃油喷射系统中电子控制系统的组成和作用。

4. 简述燃料供给系统的工作原理。

5. 简述电控燃油喷射系统的工作原理。

6. 简述怠速工况的定义。

7. 简述水温传感器的工作原理。

8. 简述节气门位置传感器的工作原理。

课题三　排放控制系统的检修

一、填空题

1. 发动机有害排放物主要有__________、__________、__________、__________及微小颗粒物、重金属氧化物、油蒸气等。

2. __________是汽车发动机中燃料不完全燃烧的中间产物。它是一种无色、无臭、无刺激性气味的气体，是汽车排放物中浓度最大的有害成分。

3. 碳氢化合物产生的主要原因有三种，即__________生成的碳氢化合物、由__________产生的碳氢化合物以及__________的碳氢化合物。

4. __________是否生成主要取决于燃烧温度，降低混合气中氧气的浓度和燃烧温度，缩短混合气在高温燃烧带内的滞留时间，以及改善混合气的形成等可以控制__________的产生。

5. 混合动力汽车发动机排放控制系统一般由__________、__________、__________、__________、__________和__________等组成。

6. 混合动力汽车发动机安装了多种排放控制系统，主要由__________、__________、__________、__________、__________、__________和__________等装置组成。

7. ______________的作用是防止曲轴箱内气压过高导致机油渗漏，把渗入曲轴箱的燃油蒸气引入气缸内燃烧，防止燃油蒸气稀释机油导致机油变质。

8. __________________的作用是收集汽油箱和浮子室内的汽油蒸气，并将汽油蒸气导入气缸参加燃烧，防止汽油蒸气直接排入大气而造成污染。

9. 废气中的有害气体______________、______________和______________在三元催化剂铂、钯和铑的混合物的作用下发生化学反应，生成________、__________和__________。

10. 氧传感器分为____________传感器和____________传感器。

二、判断题

1. 燃烧的温度越低，排出的氮氧化合物就越多。（　　）

2. 当废气中氧离子含量较高时，二氧化钛阻值较大，氧传感器向 ECU 的反馈电压也较大。（　　）

3. EGR 阀开度传感器检测 EGR 阀的开度情况并将信号送入 ECU。（　　）

4. 当发动机温度升高后，恒温进气系统向发动机供给未经加热的新鲜空气。（　　）

5. 为了控制燃油箱逸出的燃油蒸气，混合动力汽车发动机采用了活性炭罐来吸附燃油蒸气。（　　）

6. PCV 阀在大负荷时，进气管真空度很小，阀体在弹力的作用下右移，PCV 阀的流量最小。（　　）

7. 如果 EGR 阀的开度与根据输入信号计算出的理想开度不同，ECU 将减小 EGR 阀的电流，因此减小施加到 EGR 阀的真空，结果使再循环的废气量改变。（　　）

8. 三元催化转换器出口温度高于进口温度 20%～25%。（　　）

9. 混合动力汽车发动机的尾气检测可以采用怠速检测和高怠速检测两种测量方法。（　　）

三、选择题

1. 废气再循环系统的作用是将适量的废气重新引入气缸内参与燃烧，从而降低气缸内的最高温度，以减少（　　）的排放量。

A. 碳氢化合物　　　　B. 氮氢化合物

C. 一氧化碳　　　　D. 有害气体

2. 下列不属于排放控制系统的是（　　）。

A. 曲轴箱强制通风系统　　　　B. 燃油蒸气排放控制系统

C. 发动机冷却系统　　　　D. 三元催化转换器控制系统

3. 背压试验法是在三元催化转换器前端排气管的适当位置上打一个孔，分别在怠速和（　　）r/min 时测量排气背压。

A. 1 000　　　　B. 1 500

C. 2 500　　　　D. 3 000

4. 观察三元催化转换器外壳上是否有严重的褪色斑点或略呈青色和紫色的痕迹，在三元催化转换器防护罩的中央是否有非常明显的暗灰斑点，如有则说明三元催化转换器曾处于（　　）状态，需做进一步的检查。

A. 过热　　　　B. 怠速

C. 高转速　　　　D. 加速

5. 下列不属于三元催化转换器的检修方法的是（　　）。

A. 外观检查法　　　　B. 负压试验法

C. 真空试验法　　　　D. 加热法

四、简答题

1. 简述废气再循环系统的作用和工作原理。

2. 简述汽车尾气检测的操作步骤。

3. 简述采用加热法检修三元催化转换器的过程。

4. 简述氧传感器的常见故障类型及其故障诊断与排除方法。

模块四
混合动力汽车发动机故障诊断与排除

课题一　气缸压缩压力过低的故障诊断与排除

一、填空题

1. 普锐斯是丰田汽车公司的一款______________。

2. 空气滤清器过脏、堵塞时，应清洁或更换空气滤清器__________。

3. 气门和气门座工作面磨损或烧灼、______________，导致发动机气缸压力过低时，应检修或更换气门和气门座。

4. 气门间隙或配气正时不当，导致发动机气缸压缩压力过低时，应__________气门间隙或配气正时。

5. 发动机暖机后，冷却液温度应超过____ ℃。

6. 如果加注机油后一缸压缩压力________，则说明活塞环或气缸孔可能磨损或损坏。

7. 普锐斯混合动力汽车发动机气缸压缩压力的最低压力参考值为____MPa。

8. 普锐斯混合动力汽车发动机气缸压缩压力的各缸之间的差值应小于____kPa。

9. 当发现发动机一缸液压气门间隙异于其他三缸时，可进行__________性能检测。

二、判断题

1. 发动机暖机后，冷却液温度应超过 60 ℃，发动机机油温度应达到 80 ℃，且发动机转速应稳定。 (　　)

2. 将气缸压力表连接到软管时，可选择任意火花塞螺纹的密封接头，组装气缸压力表组。 （ ）

3. 使用故障诊断仪检测汽车故障时，检查过程中切勿断开点火线圈总成连接器，此操作会导致新的故障码存入发动机控制系统。 （ ）

4. 只要踩下制动踏板，按下电源键，发动机启动，通过气缸压力表组就可读取气缸的压缩压力。 （ ）

5. 在读取普锐斯混合动力汽车气缸的压缩压力时，应使发动机转速在200 r/min以上。 （ ）

三、选择题

1. 下列不属于气缸压缩压力过低的原因的是（ ）。

A. 空气滤清器过脏、堵塞

B. 气缸、活塞环、活塞磨损过大

C. 气缸衬垫损坏

D. 节气门开度过小

2. 发动机气缸压缩压力参考标准值为（ ）。

A. 13.9 MPa　　B. 13.9 kgf/cm^2

C. 13.9 psi　　D. 以上都不对

3. 下列不属于气缸压力表组的组成部件的是（ ）。

A. 压力表　　B. 单向阀

C. 放气阀　　D. 软管

4. 用手压缩进入机油后的液压气门间隙调节器柱塞，应越压（ ）。

A. 越紧　　B. 越松

C. 越软　　D. 以上都不对

5. 将专用工具SST垂直插入液压气门间隙调节器，把液压气门间隙调节器浸入干净的发动机机油中，使用专用工具SST压缩并放开气门间隙调节器柱塞（ ）次，检测柱塞密封性。

A. 1 ~ 2　　B. 3 ~ 4

C. 5 ~ 6　　D. 7 ~ 8

四、简答题

1. 简述发动机气缸压缩压力过低的主要原因。

2. 简述检测各气缸压缩压力的过程。

课题二 混合动力汽车曲轴位置传感器不工作的故障诊断与排除

一、填空题

1. 在普锐斯混合动力汽车中，如果发动机或变速驱动桥齿轮被卡住，或有异物进入发动机或变速驱动桥中，则____________________就会检测到故障码并启动__________________控制。

2. 检查曲轴传动带轮是否正常转动时，应关闭_____________，顶起车辆，手动转动曲轴__________，检查曲轴是否旋转。

3. 在检查普锐斯混合动力汽车曲轴位置传感器线束时，应进行 ECM E3 连接器与曲轴位置传感器连接器的______检测和________检测。

4. 在进行普锐斯混合动力汽车 HV ECU H12 连接器与 ECM E5 连接器线束开路检测时，__________与 E5–1 的电阻值小于______Ω。

5. 当按照故障码进行故障排除后，应重新检查并清除__________，以确认故障点全部排除。

6. 打开电源开关，如果 READY 灯不亮，并且诊断仪上的读数显示为故障码 P0A90（HV 变速驱动桥输入故障），则应更换混合动力汽车______________。

7. 当发动机出现：P3193 燃油用尽、P0335 曲轴位置传感器故障码“A”电路两个故障时，应优先进行________________________故障码排除作业。

8. 当普锐斯混合动力汽车发动机出现故障码 P3193 燃油用尽时，添加__________后，P3193 燃油用尽故障码消失。

9. 检测发动机控制系统（ECM）到曲轴位置传感器之间的线束时，若发现万用表线束不够长，应将黑色探针与______________连接，红色探针与______________连接。

10. 当测量 E5 连接器 1 号端子与 H12 连接器 12 号端子之间的开路电阻小于 1 Ω 时，说明该导线无__________。

二、判断题

1. 若普锐斯混合动力汽车不能启动，车辆动力系统故障灯会点亮。（ ）

2. NE+（E3–33）或曲轴位置传感器（C7–1）与车身搭铁的线束电阻标准值为 10 kΩ 或更大。（ ）

3. 将万用表旋至欧姆挡，正负两探针短接，可校准万用表。（ ）

4. NE+（E3–33）与曲轴位置传感器（C7–1）之间的线束电阻标准值小于 1 Ω。（ ）

5. 若普锐斯混合动力汽车不能启动，不可能是因为变速驱动桥润滑系统故障造成的。（ ）

三、选择题

1. 下列中不属于普锐斯混合动力汽车发动机不能启动的原因的是（ ）。

A. 发动机控制系统（ECM）故障　　B. HV ECU 故障

C. 水温传感器故障　　D. 曲轴位置传感器故障

2. 在检测曲轴位置传感器线束时，需要断开（　　）连接器。

A. E3 与 E5　　B. E3 与 C7

C. E5 与 C7　　D. E5 与 H12

3. 在进行 HV ECU H12 连接器与 ECM E5 连接器线束无搭铁故障检测时，应检测（　　）电阻，其标准值（　　）。

A. H12–12 与 E5–1　小于 1 Ω

B. H12–12 与 E5–1　无穷大

C. H12–12、E5–1 与搭铁点　小于 1 Ω

D. H12–12、E5–1 与搭铁点　无穷大

4. 如果普锐斯混合动力汽车不能启动，且 HV ECU 检测到故障码并启动安全保护控制，优先进行的故障排除作业是（　　）。

A. 曲轴位置传感器故障

B. 发动机控制系统（ECM）故障或 HV ECU 故障

C. 变速驱动桥机械故障

D. 发动机冷却系统故障

四、简答题

1. 若普锐斯混合动力汽车变速驱动桥齿轮被卡住，HV ECU 检测到故障码并启动安全保护控制，则导致车辆无法启动的可能原因有哪些？

2. 简述普锐斯混合动力汽车曲轴位置传感器线路故障的检测步骤。

综合试卷（一）

一、填空题（将正确答案填写在横线上。每题2分，共30分）

1. 新能源汽车目前主要包括纯电动汽车、燃料电池汽车和________。

2. 混合动力汽车是指拥有至少________，使用其中一种或多种动力源提供部分或者全部动力的汽车。

3. 与传统汽车相比，混合动力汽车上又增加了________和________。

4. 发动机的作用是把输入气缸内燃烧产生的________转化为机械能并输出机械动力。

5. 活塞从一个止点移动到另一个止点所扫过的容积称为________。

6. 混合动力发动机每完成一个工作循环，曲轴旋转______周，进、排气门各开启______次。

7. 混合动力汽油发动机的一个工作循环包括________、________、________和________。

8. 汽油发动机由________机构、________机构和燃料供给系统、________、________、________、________组成。

9. 曲柄连杆机构是发动机实现工作循环、完成能量转换的主要运动零件，它由________、________和________组成。

10. 发动机机体组主要由________、________、________、________和油底壳等组成。

11. 测量气缸盖平面度误差时，用厚薄规测量________和________之间的间隙。

12. 活塞连杆组主要由__________、__________、__________、__________和__________等组成。

13. 活塞环按其作用可分为__________和__________两类。

14. 活塞环在安装时应留有间隙，间隙包括__________、__________、__________。

15. 曲轴飞轮组主要由__________和__________及其他零件和附件组成。

二、判断题（正确的，在括号内画“√”；错误的，在括号内画“×”。每题2分，共20分）

1. 从广义上来讲，混合动力汽车指的是装备有两种具有不同特点驱动装置的车辆。（　　）

2. 在一个循环工作过程中，活塞往复四个行程并对外做功一次的发动机称为四行程发动机。（　　）

3. 活塞行程是曲柄半径的两倍。（　　）

4. 上止点是活塞离曲轴回转中心最近处，是活塞最低位置。（　　）

5. 混合动力汽车柴油发动机的优点是动力性好，经济性好，排放污染轻。（　　）

6. 发动机所有气缸的总容积之和称为发动机排量。（　　）

7. 曲柄连杆机构的作用是将活塞的往复运动转化为曲轴的旋转运动。（　　）

8. 汽油发动机的活塞一般有2~3道环槽，上面两道用于安装油环，下面一道用于安装气环。（　　）

9. 检查气缸的磨损程度可以用量缸表在任意位置测量气缸直径。（　　）

10. 飞轮的作用是将做功行程的部分能量储存起来，以便在其他行程带动曲柄连杆机构工作。（　　）

三、选择题（将正确答案的代号填写在括号内。每题2分，共20分）

1. 根据驱动连接方式进行分类，一般把混合动力汽车分为三类：串联式混合动力汽车、并联式混合动力汽车和（　　）。

A. 中度混合动力汽车　　B. 混联式混合动力汽车

C. 轻度混合动力汽车　　D. 重度混合动力汽车

2. 混合动力汽车在制动或减速时，电动机将多余的能量转化为电能存储到（　　）中。

A. 动力电池　　B. 发动机

C. 变压器　　D. 变速器

3. 一般车用汽油发动机的压缩比为（　　）。

A. 6 ~ 10　　B. 10 ~ 13

C. 13 ~ 16　　D. 16 ~ 22

4. 下列对水冷式发动机工作特点的描述错误的是（　　）。

A. 冷却均匀　　B. 工作可靠

C. 散热效果差　　D. 广泛应用于各类车辆

5. 混合动力汽车的汽油发动机相比于柴油发动机，其特有的系统是（　　）。

A. 燃料供给系统　　B. 点火系统

C. 润滑系统　　D. 冷却系统

6.（　　）的作用是向相对运动的零部件表面输送定量清洁的机油，以实现液体摩擦，减小摩擦阻力。

A. 燃料供给系统　　B. 点火系统

C. 润滑系统　　D. 冷却系统

7.（　　）的作用是根据发动机的工作顺序和工作过程，定时开启和关闭进、排气门。

A. 曲柄连杆机构　　B. 配气机构

C. 润滑系统　　D. 冷却系统

8. 活塞环的端隙范围是（　　）mm。

A. 0 ~ 0.15　　B. 0 ~ 0.25

C. 0.25 ~ 0.50　　D. 0 ~ 0.45

9. 下列不属于排气门早开和迟关的目的的是（　　）。

A. 减小排气行程活塞上行的阻力　　B. 缩短废气在气缸内的停留时间

C. 增加进气时间　　D. 防止发动机过热

10. 进、排气道口与气门密封锥面直接贴合的部位称为（　　）。

A. 气门导管　　B. 气门弹簧

C. 气门间隙　　D. 气门座

四、简答题（每题 6 分，共 30 分）

1. 简述混合动力汽车发动机润滑系统的作用。

2. 简述混合动力汽车发动机配气机构的作用。

3. 什么是活塞环的“三隙”？如何检测活塞环的“三隙”？

4. 简述气门间隙的含义。

5. 简述配气机构的工作原理。

综合试卷（二）

一、填空题（将正确答案填写在横线上。每题2分，共20分）

1. 按凸轮轴的位置不同，配气机构分为________、________和________。

2. 配气相位就是用________表示的进、排气门的________和开启的________。

3. 散热器的作用是使________中出来的________得到迅速冷却，以保持________的正常水温。

4. 机油滤清器用来过滤机油中的________、________、油泥和水分等杂物，使送到各润滑部位的都是干净清洁的机油。

5. 燃料供给系统由________、________、________、燃油分配管、燃油压力调节器、喷油器及供油管组成。

6. 传感器主要用来检测与点火有关的发动机工作状况信息，并将检测结果输入ECU，作为计算和控制________和________的依据。

7. 空气供给系统主要由空气滤清器、空气流量计（或进气压力传感器）、________、________、进气总管、________、________和怠速控制阀等组成。

8. 碳氢化合物产生的主要原因有三种，即________生成的碳氢化合物、由________产生的碳氢化合物以及________的碳氢化合物。

9. 如果加注机油后一缸压缩压力________，则说明活塞环或气缸孔可能磨损或损坏。

10. ______________的作用是将适量的废气重新引入气缸内参加燃烧，从而降低气缸内的最高温度，以减少______________的排放量。

二、判断题（正确的，在括号内画“√”；错误的，在括号内画“×”。每题 2 分，共 20 分）

1. 由于现代汽车发动机的转速都很高，为了保证气缸进气充分、排气彻底，气门实际开启和关闭时刻并不是正好在活塞的上、下止点处，而是适当地提前和延迟。（　　）

2. 预留气门间隙将使发动机工作时配气机构产生撞击和噪声。（　　）

3. 为了使驾驶员及时掌握冷却系统的工作状况，在仪表板上通常设有水温表或水温警告灯等装置。（　　）

4. 水冷发动机是指利用在气缸体和气缸盖冷却水套中进行循环的冷却液作为冷却介质进行冷却的发动机。（　　）

5. 点火提前角是从火花塞发出电火花到该缸活塞运行至压缩下止点时曲轴转过的角度。（　　）

6. 传感器是一种信号转换装置，安装在发动机的各相关部位。（　　）

7. 为了控制燃油箱逸出的燃油蒸气，混合动力汽车发动机采用了活性炭罐来吸附燃油蒸气。（　　）

8. 动力管理控制系统（HV CPU）始终监控着 HV 蓄电池的状态，用不同的工作模式使电力输入和输出 HV 蓄电池，并尽量保持 HV 蓄电池的均衡状态。（　　）

9. 转子式机油泵由内转子、外转子、泵体、泵盖及释放阀等组成。（　　）

10. 润滑脂润滑是对一些不太重要、分散的部位，采用定期加入润滑脂的方式进行润滑。（　　）

三、选择题（将正确答案的代号填写在括号内。每题 3 分，共 30 分）

1. 下列不属于对气门材料的要求的是（　　）。

A. 高强度　　B. 耐高温

C. 耐磨损　　D. 小刚度

2. 下列不属于管带式散热器芯的优点的是（　　）。

A. 散热能力较高　　B. 结构刚度大

C. 成本低　　D. 制造工艺简单

3. 下列不属于机油压力过高的原因的是（　　）。

A. 机油黏度过大　　B. 机油加注过多

C. 轴承间隙过小　　D. 机油油路泄漏

4.（　　）是燃油喷射控制系统的控制核心，也是点火控制系统的控制核心。

A. 火花塞　　B. 混合动力车辆 ECU

C. 爆震传感器　　D. 点火线圈

5. 执行器的主要作用是接收来自 ECU 的（　　），完成 ECU 给定的（　　），实现设定的控制功能。

A. 输入信号　控制动作　　B. 控制信号　控制动作

C. 固定信号　驱动动作　　D. 模拟信号　控制动作

6. 发动机的（　　）是指发动机已经完全预热，进入正常运转，且在一定时间内转速和负荷没有突然变化的情况。

A. 加速工况　　B. 减速工况

C. 暖机工况　　D. 稳定工况

7. 下列不属于排放控制系统的是（　　）。

A. 曲轴箱强制通风系统　　B. 燃油蒸气排放控制系统

C. 发动机冷却系统　　D. 三元催化转换器控制系统

8. 下列不属于气缸压缩压力过低的原因的是（　　）。

A. 空气滤清器过脏、堵塞　　B. 气缸、活塞环、活塞磨损过大

C. 气缸衬垫损坏　　D. 节气门开度过小

9. 在检测曲轴位置传感器线束时，需要断开（　　）连接器。

A. E3 与 E5　　B. E3 与 C7

C. E5 与 C7　　D. E5 与 H12

10. 混合动力汽车行驶一段里程后需要更换机油，更换机油的里程数以厂家规定为准，首次更换机油的里程数为 1 000 ~ 3 000 km，后续更换机油的里程数为（　　）km。

A. 4 000 ~ 5 000　　B. 5 000 ~ 10 000

C. 20 000 ~ 30 000　　D. 30 000 ~ 40 000

四、简答题（每题6分，共30分）

1. 为保证实现气门对气缸的可靠密封，气门组应符合哪些要求？

2. 简述混合动力汽车动力总成冷却系统的工作原理。

3. 简述燃油滤清器的更换步骤。

4. 简述发动机在中等负荷工况对可燃混合气的要求。

5. 若普锐斯混合动力汽车变速驱动桥齿轮被卡住，HV ECU 检测到故障码并启动安全保护控制，则导致车辆无法启动的可能原因有哪些？

综合试卷（三）

一、填空题（将正确答案填写在横线上。每题2分，共20分）

1. 气门导管的主要作用是为气门______________，以保证气门上下运动时不发生______________而准确落座，同时起__________作用。

2. 气门传动组的作用是使进、排气门按照______________开闭，并且保证有______________。

3. 风扇的作用是当风扇旋转时吸进________使其通过散热器，以增强散热器的______________，加快________的冷却速度。

4. 混合动力汽车动力总成冷却系统由________、______________、膨胀水箱、冷却液泵、冷却液软管以及__________________等部件组成。

5. 润滑系统的作用主要有__________、__________、__________、__________、防锈、缓冲和液压几个方面。

6. 压力循环润滑是利用机油泵，将具有一定________的机油源源不断地送往摩擦表面。

7. 活性炭罐的作用是吸附燃油箱中挥发的__________。

8. 点火执行器包括____________和____________。点火控制模块可将电子控制系统输出的点火信号进行____________，驱动点火线圈工作。

9. 点火线圈初级电路的____________，____________，初级电路断开电流越大，______________，点火可靠性越好。

10. 电子控制系统的作用是根据发动机运转状况和车辆运行状况确定燃油最佳喷射量。该系统由________、________和________三部分组成。

二、判断题（正确的，在括号内画“√”；错误的，在括号内画“×”。每题2分，共20分）

1. 气门不直接与气缸内的高温燃烧气体接触，因此，气门温度不高。（　　）

2. 小循环时冷却液在发动机内部循环。（　　）

3. 膨胀水箱的上部用一个较细的软管与水箱的加水管相连，底部通过水管与水泵的进水侧相连接，通常位置略低于散热器。（　　）

4. 目前汽车中主要使用的节温器为蜡式节温器。（　　）

5. 机油泵将机油从油底壳中抽出加压后，只送到活塞与缸壁处进行润滑。（　　）

6. 电动燃油泵在出油口处还装有单向止回阀，当发动机停止运转后，单向止回阀关闭，防止管路中的汽油倒流回电动燃油泵。（　　）

7. 常见汽车上配备燃油箱的容量一般能保证汽车行驶 50 km。（　　）

8. 运用数字式万用表的欧姆挡可以测得点火线圈端子之间初级绕组的电阻，阻值一般为 500 Ω 左右。（　　）

9. 曲轴位置传感器故障、发动机控制系统（ECM）故障或HV ECU系统故障，都可能造成发动机不能启动。（　　）

10. 空气流量计是一种间接检测空气流量的传感器。（　　）

三、选择题（将正确答案的代号填写在括号内。每题2分，共30分）

1. 下列不属于气门弹簧应符合的条件的是（　　）。

A. 有足够的预紧力

B. 保证气门不会发生跳动

C. 高速度、长时间运转下具有良好的耐久性

D. 有良好的导热性

2. 下列不属于冷却液补偿水箱功能的是（　　）。

A. 减少水泵的泵水量　　B. 减少冷却液的损失

C. 避免机件氧化腐蚀　　D. 使冷却系统中水、汽分离

3. 润滑系统中限压阀的作用是（　　）。

A. 提升机油压力　　B. 限制机油压力

C. 防止机油泄漏　　D. 喷出机油

4. 在更换燃油滤清器前，应先卸除燃油分配管中的（　　）。

A. 连接管路　　B. 插接器

C. 燃油压力　　D. 电动燃油泵

5. 下列不属于点火提前角控制的是（　　）。

A. 初始点火提前角　　B. 基本点火提前角

C. 修正点火提前角　　D. 最终点火提前角

6. 混合动力车辆 ECU 根据发动机（　　）的信号确定初始点火提前角。

A. 氧传感器　　B. 曲轴位置传感器

C. 空气流量传感器　　D. 爆震传感器

7. 发动机中传感器的作用是检测发动机运转过程中的各种物理、化学参数，并将其转换成电信号输入（　　）。

A. ECU　　B. 点火控制器

C. 分电器　　D. 压力阀

8. 若混合气的空燃比小于 14.7，称为（　　）。

A. 标准混合气　　B. 浓混合气

C. 稀混合气　　D. 以上都不对

9. 下列不属于三元催化转换器的检修方法的是（　　）。

A. 外观检查法　　B. 负压试验法

C. 真空试验法　　D. 加热法

10. 将专用工具 SST 垂直插入液压气门间隙调节器，把液压气门间隙调节器浸入干净的发动机机油中，使用专用工具 SST 压缩并放开气门间隙调节器柱塞（　　）次，检测柱塞密封性。

A. 1 ~ 2　　B. 3 ~ 4

C. 5 ~ 6　　D. 7 ~ 8

11. 如果普锐斯混合动力汽车不能启动，且 HV ECU 检测到故障码并启动安全保护控制，优先进行的故障排除作业是（　　）。

A. 曲轴位置传感器故障

B. 发动机控制系统（ECM）故障或 HV ECU 故障

C. 变速驱动桥机械故障

D. 发动机冷却系统故障

12. 在进行 HV ECU H12 连接器与 ECM E5 连接器线束无搭铁故障检测时，应检测（　　）电阻，其标准值（　　）。

A. H12–12 与 E5–1　小于 1 Ω

B. H12–12 与 E5–1　无穷大

C. H12–12、E5–1 与搭铁点　小于 1 Ω

D. H12–12、E5–1 与搭铁点　无穷大

13. 变频器的组成部件包括增压转换器、（　　）和空调变频器。

A. AC/DC 转换器

B. DC/DC 转换器

C. AC/AC 转换器

D. DC/AC 转换器

14. 用手压缩进入机油后的液压气门间隙调节器柱塞，应越压（　　）。

A. 越紧

B. 越松

C. 越软

D. 以上都不对

15. 下列不属于气缸压力表组组成部件的是（　　）。

A. 压力表

B. 单向阀

C. 放气阀

D. 软管

四、简答题（每题 6 分，共 30 分）

1. 简述气门间隙过大、过小的危害。

2. 简述散热器盖的作用。

3. 简述喷油器的工作原理。

4. 简述燃料供给系统的工作原理。

5. 简述普锐斯混合动力汽车曲轴位置传感器线路故障的检测步骤。